AF278542

LES DERNIERS MOMENS

DE SON ALTESSE ROYALE,

MONSEIGNEUR

LE DUC DE BERRI;

PAR MAGALON (DU GARD).

PARIS,

Chez PLANCHER, ÉDITEUR DES MÉMOIRES POUR SERVIR A L'HISTOIRE DE S. A. R. MONSEIGNEUR LE DUC DE BERRI, rue Poupée, n° 7.

——

1820.

DE MONSEIGNEUR

LE DUC DE BERRI.

~~~~~~~~~

Les fêtes ont commencé, Paris est dans l'ivresse, les sociétés s'unissent et se confondent aux accens d'une aimable folie; Charles, fidèle à ses premiers goûts, les parcourt avec sa jeune et royale épouse; les distinctions de rang s'évanouissent, la bienveillance et l'amitié la plus respectueuse les remplacent. Les augustes personnages, admis aux jouissances de leurs amis, se livrent à mille impressions et à tous les mouvemens de la joie. La sérénité anime les traits du prince, aucun pressentiment ne l'agite, aucune crainte n'émeut sa grande âme. Le lendemain les jeux recommencent; Charles porte ses pas vers le temple des Muses; on l'y reçoit avec transport; tous les yeux l'y contemplent. O revers inouï! Charles si brave et si magnanime, Charles chancelle et tombe; un féroce
~~~~~~~~~

assassin l'a frappé ; la mort qui s'avance pour le héros, lui laisse encore quelques heures de souffrance, et tel est l'ascendant d'une vertu sublime, qu'elles suffisent pour immortaliser sa vie qui, passée hors du cercle où l'on attache tous les yeux, ne fut que pieuse, patiente, et chevaleresque.

Ce tableau serait incomplet, si je ne retraçais pas les dernières circonstances de la mort de Charles Ferdinand d'Artois, duc de Berry.

Je suis mort, je suis assassiné. Ces paroles du duc ont retenti aux oreilles de son épouse. Elle s'élance de la voiture, se précipite au secours du prince dont le sang couvre bientôt ses vêtemens ; ses serviteurs ont accouru, on le transporte dans un salon attenant à sa loge, les hommes de l'art sont appelés ; ils sondent la plaie, des saignées sont faites ; mais le prince a senti que sa blessure était mortelle ; il leur dit : *Je suis perdu ; je suis bien touché de vos efforts, mais ils sont inutiles ; le poignard est entré tout entier.* La tendresse courageuse de son épouse lui prodigue les soins les plus touchans ; il demande à voir sa fille ; il veut aussi que la religion lui prête ses touchantes consolations. MADAME dont la belle ame a toujours dominé le malheur est au chevet de son lit; quelques minutes après arrivent en toute hâte MONSIEUR et le duc d'Angoulème. Les soins redoublent autour du prince, mais hélas! soins superflus! *la blessure est mortelle, le poignard est entré tout entier.*

Il en a la conviction, et tout ce qui l'entoure partage cette accablante conviction. Sa voix s'affaiblit de plus en plus, et la duchesse pleure,...... le prince la regarde avec attendrissement et lui dit : *Ma Caroline, conserve-toi pour l'enfant que tu portes dans ton sein.*

Le respect qui suit partout les princes, fait place à d'autres sentimens; l'âme déchirée se replie sur elle-même et se livre à tous les mouvemens de la douleur; ce n'est plus le prince qu'on entoure, c'est un frère, c'est un ami, c'est une de nos affections qu'on arrache à la terre. Au milieu de cette scène de deuil, de ce silence morne et profond, qu'interrompent, par intervalle, des sanglots qu'on ne peut étouffer, on recueille ces paroles : *Qu'il est cruel pour moi de mourir de la main d'un Français!* s'adressant aux vieux guerriers qui entouraient son lit de mort : *Pourquoi n'ai-je pas péri au milieu de vous dans les combats?* Puis se retournant vers son épouse, ses yeux réclament une dernière preuve d'amour. Deux enfans ont des droits sur son cœur; il a besoin de leur dire adieu : *Où sont-ils?* s'écria la duchesse, *je serai leur mère.* Les enfans arrivent; elle leur fait embrasser sa fille unique, MADEMOISELLE, et elle s'écrie : *Charles! Charles! j'aurai trois enfans à présent.*

Les deux petites filles se mettent à genoux; des pleurs inondent leur visage : « *Soyez toujours fidèles à la vertu,* leur dit le prince : » il leur adresse ensuite quelques mots en anglais, après quoi les deux enfans s'éloignent.

Il se fait un profond silence; le ministre de Dieu prend alors la parole et fait entendre les vérités chrétiennes; le prince confesse ses fautes à haute voix, et reçoit, dans un pieux recueillement, ces consolations de l'église qui promettent un meilleur avenir. Il fait ensuite approcher sa fille et la bénit : *Pauvre enfant, je souhaite que tu sois moins malheureuse que ceux de ma famille :* il prend la main de la duchesse, la presse sur son cœur, et lui dit :

Ma Caroline, le treize est une date bien fatale pour nous. (1)

Le roi avait été prévenu de l'événement dans la nuit : des nouvelles du duc lui avaient été portées plusieurs fois; vers les trois heures du matin, tout espoir s'évanouit; le roi fut appelé.

Quel spectacle dans le palais du prince! Un vieillard auguste, arraché de sa couche, et transporté au lieu même où expire l'héritier de la couronne! Orateurs chrétiens, consacrez ce tableau à l'étonnement des siècles.

A cinq heures, le roi arrive; à sa vue, le duc se ranime. — Sire, je vous en conjure, grâce, grâce pour l'homme... — Sire, ajouta le duc d'Angoulème, veuillez entendre sa prière; ce désir le tourmente depuis plus de deux heures. — Oui, mon oncle, je mourrai alors en paix. — Mon fils, ne songeons qu'à vous; vous vous rétablirez, nous en reparlerons. L'oppression du prince augmente : *Ma*

---

(1) C'est le 13 juillet 1817, que madame la duchesse de Berri est accouchée d'une fille qui n'a point vécu. C'est le 13 septembre 1818, qu'elle a fait une fausse couche d'un garçon qui a vécu deux heures. C'est le 13 février 1820, qu'un assassin lui ravit son époux.

Caroline, viens près de moi, je mourrai plus heureux en mourant dans tes bras. Sa voix tombe de minute en minute; tout-à-coup il tourne ses mains vers le ciel, et s'écrie : *O ma patrie !... ô malheureuse France !* Tels furent les derniers accens du fils des rois. Six heures trente-cinq minutes sonnèrent, le prince n'était plus.

Le roi recueillit tout son courage; il avait *un dernier soin à rendre à son fils.* S. M. s'approcha du lit, ferma les paupières du duc, et s'écria : Adieu, mon fils !... adieu, cher prince !......

Le duc fut transporté au Louvre, et déposé sur un lit de parade, dans l'appartement qui avait reçu les restes de Henri IV.

DEUXIÈME PARTIE.

Après le récit de la mort du prince, on me permettra sans doute quelques considérations politiques sur les événemens qui s'y rattachent et sur des questions débattues en présence même du cercueil de l'auguste victime.

Lorsque le duc fut expiré, les factions élevèrent la voix. Au lieu de la plainte et de la douleur, on n'entendit que le rugissement des haines ; la vengeance se pressa autour du trône qui ne demandait qu'un appui et des consolations. Un système politique, le seul possible dans les circonstances actuelles, le seul qui ait jamais pu servir au rétablissement des monarchies, fut attaqué avec un acharnement sans exemple. L'oligarchie prédit impunément des malheurs dont un crime isolé ne pouvait être la conséquence. On accusa le ministère dont la marche s'était soumise à l'opinion. M. le duc de Cazes fut l'objet des personnalités et des accusations les plus atroces, pour avoir constamment suivi une ligne sage et modérée. Il a perdu la France, disaient les hommes d'une faction implacable ; le despotisme et l'arbitraire étaient possibles ; Bonaparte et 1815 le prouvent assez. Ici la question change : car lorsque la nation, rassasiée de licence et d'anarchie, commit le pouvoir aux mains de l'homme qui avait tant fait pour son indépendance et sa gloire, elle ne s'inquiéta point du despotisme qu'elle crut peu dangereux : l'étonnante élévation du souverain était une immuable garantie, c'est ce que le rétablissement de la maison de Bourbon ne pouvait offrir sans la Charte. La puissance de ce nouveau gouvernement imprima un mouvement à la société ; les masses contenues par l'ordre reçurent mille impulsions ; l'amour de la gloire remplaça l'enthousiasme de la liberté ; on marcha à la conquête du monde, en même temps qu'à celle des lumières et de la civilisation. A ce spectacle on fut frappé d'étonnement. Sous cet état de choses, la puissance presque absolue était un principe d'ordre et de conservation ; avec elle les conceptions les plus vastes étaient faciles. Les garanties qu'on veut constituer aujourd'hui étaient stables ; la puissance tout absolue s'était assise sur la civilisation. L'état politique participait de la grandeur du chef; les anciennes institutions renaissaient dans ce qu'avait consacré la raison, et sur ces principes d'ordre social, auxquels s'allie si majestueusement la liberté. Ce gouvernement fut juste par sa nature même; l'homme qui l'avait élevé fut admirable dans les premiers jours de sa puissance : c'était Charlemagne relevant les vieilles Gaules, et jetant çà et là les fondemens de l'empire.

Le rétablissement de la royauté légitime eut un autre caractère : il fut plus l'effet des circonstances; aussi trouva-t-il des résistances et des préventions à vaincre, tant l'intérêt pouvait le redouter. La royauté abolie dans nos discordes civiles revenait dans des temps de calamités à la suite d'une invasion étrangère. Rien de mémorable n'avait encore marqué la vie de nos princes, bien que le chef de leur famille eût un caractère auguste. Ce qu'on disait de son expérience et de ses lumières, ne pouvait entièrement rassurer les esprits. Une haute garantie politique était donc impérieusement réclamée, de même qu'un système de modération fut le seul possible. C'est par une marche prudente, des concessions immédiates qu'on pouvait rattacher le présent au passé et fonder à l'ombre de l'autorité légitime les libertés conquises par la raison. La Charte fut reçue avec acclamation : à la vue du pacte sacré nos défiances se dissipèrent un moment, mais l'illusion dura peu.

Sous la seconde restauration, la marche de l'oligarchie fut moins ténébreuse, quoique plus active : ses projets d'envahissement ne restèrent point un secret comme sa force. Cette fois, tout fut clair, évident, atroce. La Charte, au nom des circonstances, fut violée ; la liberté, au nom de la légitimité, fut suspendue : de nouveaux dogmes politiques et religieux s'agitèrent ; le sang le plus pur coula sur les échafauds. Tout-à-coup ce mouvement s'arrêta : une main puissante dispersa les factieux et les traîtres. Le conseil, long-temps accessible aux vengeances, subit dans l'influence d'un jeune et habile ministre une marche lente et rétroactive. C'est ainsi que le repos fut promis à la France qui salua avec transport la nouvelle aurore de sa liberté.

Sous le ministère de M. de Cazes, la nation se calma et acquit le complément de quelques unes de ses plus belles institutions. Le commerce reçut plus de mouvement, de même

que les lettres et les arts brillèrent d'un
nouvel éclat. Les haines que le régime pré-
cédent avait tant accumulées, se changèrent
de la part des opprimés en une opposition
légale et courageuse ; et c'est là ce qu'on
accuse comme tendant à trop favoriser la
génération actuelle qu'on nomme révolu-
tionaire et factieuse, et qu'on voudrait ra-
mener à des idées que la raison et tous les
sentimens repoussent. Qu'on réfléchisse un
moment : des souvenirs ne renaissent point
les mœurs : chaque époque a les siennes.
L'obéissance passive, l'inégalité politique et
civile, et par cela même, l'élégance des anciennes sociétés, les grâces étudiées des cours,
la valeur inutile des chevaliers, à côté de
l'abjection et de l'esclavage, constituent main-
tenant un système absurde, chimérique, im-
possible. Le temps et les lumières ont élevé
une société nouvelle, où les intérêts se ren-
contrent et se balancent, où le pouvoir s'ap-
puie sur la justice, la considération sur l'es-
time, les talens sur l'administration. Par le
système représentatif, tout est constitué selon
sa nature ; de l'égalité politique naît naturel-
lement l'inégalité sociale. Le pouvoir y repose
sur la civilisation, et cette base est inébran-

lable. Que l'oligarchie regrette des temps d'apathie, d'éclat et de corruption, nous aimons mieux, nous français du 19e siècle, la liberté, oui la liberté, la tribune et ses orages !

Ultras monarchiques, conclurez-vous de-là que nous sommes de jeunes révolutionnaires ? que nous voulons la subversion des principes fondamentaux ? singuliers argumens de la haine ! mais votre erreur ne serait-elle pas d'oublier que notre gouvernement est représentatif, que la monarchie telle que vous l'entendez n'est plus qu'un des alimens de la constitution ? Nous voulons la Charte, nous repoussons vos vieilles maximes de souveraineté qui sapent la liberté dans vos intérêts personnels. Vous avez beau dire que sous l'oppression la monarchie a duré des siècles. Cet argument convainc peu, car il ne faut pas assurément conclure de l'ignorance et de l'abjection de nos pères qu'ils furent heureux et que nous devrions être esclaves. Ce n'est point la monarchie qui s'est soutenue durant tant de siècles, c'est votre despotisme. L'action des lumières et du temps devait le détruire. Au reste, voici la question : le gouvernement représentatif est établi ; il

poursuit sa marche quoique vos manoeuvres
l'aient paralysé par intervalle; nous désirons
l'entière liberté de la pensée nécessaire à son
établissement, la jouissance égale des droits
naturels, la gloire des lettres qui peuvent se
ranimer à ces antiques sources des sentimens
nobles et généreux; la puissance d'une armée
citoyenne qui veille à la conservation de l'empire, une civilisation plus mâle, la liberté
depuis le hameau jusqu'à la tribune, nos
princes si patiens dans les revers, si magna-
nimes sur le trône; sommes-nous pour cela
de jeunes égarés, de jeunes révolutionnaires?
la Charte n'a-t-elle pas consacré ces avan-
tages? la Charte est-elle aussi révolution-
naire?

IMPRIMERIE DE MADAME JEUNEHOMME-CRÉMIÈRE,
RUE HAUTEFEUILLE, n° 20.

www.ingramcontent.com/pod-product-compliance
Lightning Source LLC
Chambersburg PA
CBHW071642030726
47598CB00005B/1978